AF369559

Vente du Jeudi 31 Octobre 1872.

BELLE COLLECTION DE

CURIOSITÉS DE LA CHINE

ÉMAUX CLOISONNÉS

Porcelaines, Bronzes

Matières précieuses, Émaux peints

Étoffes

Exposition publique :

Le Mercredi 30 Octobre 1872

DE UNE HEURE A CINQ HEURES

<table>
<tr><td align="center">COMMISSAIRE-PRISEUR
Me CHARLES PILLET
10, rue de la Grange-Batelière</td><td align="center">EXPERT
M. CHARLES MANNHEIM
7, rue Saint-Georges</td></tr>
</table>

CATALOGUE

D'UNE JOLIE COLLECTION DE

CURIOSITÉS DE LA CHINE

ÉMAUX CLOISONNÉS

Grands Vases ; Brûle-parfums ; Plats ;

Vases de diverses formes; Jardinières; Plaques d'Ecrans;

Cache-Pots, etc , etc.

PORCELAINES; ÉMAUX PEINTS; BRONZES;

MATIÈRES PRÉCIEUSES: ÉTOFFES.

DONT LA VENTE AURA LIEU

HOTEL DROUOT, SALLE N° 2

Le Jeudi 31 Octobre 1872

A DEUX HEURES

Par le ministère de Mᵉ CHARLES PILLET, commissaire-priseur,
rue de la Grange-Batelière, 10.

Assisté de M. CHARLES MANNHEIM, expert, rue Saint-Georges, 7.

Chez lesquels se trouve le présent Catalogue

EXPOSITION PUBLIQUE : *Le Mercredi 30 Octobre 1872.*
DE UNE HEURE A CINQ HEURES.

CONDITIONS DE LA VENTE

Elle sera faite au comptant.

Les adjudicataires payeront *cinq pour cent* en sus des enchères.

L'exposition mettant le public à même de se rendre compte de
l'état des objets, il ne sera admis aucune réclamation une fois
l'adjudication prononcée.

Paris. — Typ. PILLET fils ainé, rue des Grands-Augustins, 5

DÉSIGNATION DES OBJETS

ÉMAUX CLOISONNÉS

1 — Deux très-grands et beaux vases forme balustre,
décorés de larges fleurs et d'oiseaux émaillés en couleurs ; le fond, bleu turquoise, est rehaussé de fines
cloisons réservées en or. — Haut., 74 cent.

2 — Beau brûle-parfums à panse sphérique, reposant sur
trois pieds et à deux anses en S, en émail cloisonné à
fleurs sur fond bleu turquoise. Le couvercle, également
en émail, est surmonté d'un bouton en cuivre ciselé et
doré. — Haut., 59 cent.

3 — Grand plat rond, décoré au centre de poissons et de
fleurs sur fond bleu turquoise, et au bord de fleurs de
lotus sur fond rouge. — Diam., 62 cent.

4 — Deux jolis vases de forme cylindrique, décorés de
poissons et de plantes aquatiques sur fond bleu tur-

quoise. Les gorges offrent dans des médaillons ronds
des grues sacrées sur fond vert, se détachant sur un
fond bleu rehaussé de rosaces. — Haut., 52 cent.

5 — Deux vases forme bouteille à panse sphérique, à fleurs
et poissons sur fond rouge. Le col est décoré de fleurs
arabesques sur fond bleu turquoise. — Haut , 42 cent.

6 — Deux vases forme rouleau décorés de fleurs, de poissons
et d'oiseaux émaillés en couleurs sur fond bleu turquoise. Le col offre des fleurs a abesques sur fond
bleu. — Haut., 48 cent.

7 — Deux jardinières de forme sphérique surbaissée,
décorées de branches de fleurs et d'oiseaux sur fond
bleu tu quoise. — Diam., 45 cent.

8 — Deux vases forme carrée à gorges et pieds ronds,
décorés sur chacune de leurs faces d'un paysage
émaillé en couleurs sur fond bleu turquoise. — Haut.,
47 cent.

9 — Deux vases forme balustre à panses décorées de
fleurs sur fond bleu clair et à gorge à fond rouge
rehaussé de fleurs arabesques ; un bandeau blanc for-
mant entre-deux est décoré d'oiseaux et de nuages. —
Haut., 42 cent.

10 — Tableau carré pour écran en émail cloisonné, décoré
d'un paysage traversé par des cours d'eau. — Larg.,
64 cent.

11 — Deux vases forme cylindrique, décorés de branches
d'arbre et de fleurs sur fond bleu turquoise. — Haut.,
45 cent.

12 — Deux vases forme balustre, à panse décorée de fleurs
et d'oiseaux sur fond bleu turquoise ; la gorge offre
des fleurs arabesques sur fond vert. — Haut., 46 cent.

13 — Brûle-parfums à panse sphérique, reposant sur
trois pieds, à anses en S et à couvercle, décoré de fleurs
sur fond bleu, rehaussé de fines cloisons réservées en
or. — Haut., 56 cent.

14 — Plaque ronde en émail cloisonné, à fleurs sur fond
bleu turquoise. — Diam., 58 cent.

15 — Deux vases de forme cylindrique, décorés de fleurs
sur fond bleu turquoise ; la gorge offre des fleurs sur
fond vert. — Haut., 47 cent.

16 — Deux jolis vases, forme balustre surbaissé, décorés de poissons et de fleurs sur fond bleu turquoise ;
la gorge est décorée de fleurs arabesques sur fond blanc.
Anses en bronze doré garnies d'anneaux mouvants.
— Haut., 32 cent.

17 — Plat rond décoré de fleurs émaillées en couleurs
sur fond rouge. Le bord extérieur offre des fleurs sur
fond bleu turquoise. — Diam., 58 cent.

18 — Deux vases forme rouleau, décorés de fleurs sur fond bleu turquoise. — Haut., 41 cent.

19 — Deux petits vases forme balustre surbaissé, décorés de fleurs sur fond vert clair. — Haut., 26 cent.

20 — Deux cachepots de forme cylindrique, décorés de fleurs arabesques sur fond noir.— Haut., 16 cent.

21 — Deux jolis vases forme rouleau, décorés de fleurs sur fond rouge et à cols bleu turquoise décorés de fleurs. — Haut., 35 cent.

22 — Dessus de guéridon rond, décoré d'un paysage avec fleurs, arbustes et oiseaux sur fond bleu turquoise. — Diam., 56 cent.

23 — Deux jolis petits vases forme balustre, à panse sphérique et goulot droit, décorés de rosaces sur fond bleu turquoise. — Haut., 23 cent.

24 — Deux jardinières de forme oblongue, à quatre lobes en émail cloisonné, décorées de fleurs arabesques sur fond bleu turquoise. — Diam., 19 cent.

25 — Deux porte-allumettes de forme cylindrique, décorés de fleurs sur fond rouge. — Haut., 13 cent.

26 — Deux brûle-parfums à panse sphérique, reposant sur trois pieds, à anses surélevées en S et à couvercles, en émail cloisonné, décorés de fleurs et d'ornements sur fond bleu turquoise. — Haut., 46 cent.

27 — Deux jolies cassolettes à couvercles en émail cloisonné à fond bleu turquoise, décorées de fleurs et attributs. Les anses sont formées de mufles de lion en bronze doré. Ces pièces sont émaillées bleu à l'intérieur.

28 — Deux coupes rondes décorées de fleurs sur fond rouge à l'extérieur et émaillées bleu turquoise à l'intérieur.

29 — Deux petits vases forme balustre décorés de fleurs émaillées blanc sur fond bleu turquoise.

30 — Deux porte-allumettes de forme cylindrique, décorés de fleurs sur fond bleu turquoise.

31 — Deux petits vases modèle balustre, décorés de fleurs et de papillons émaillés en couleurs sur fond bleu.

32 — Petite boîte ronde, décorée de branches de pêcher émaillées en couleurs sur fond gros bleu.

33 — Deux petits vases forme balustre, décorés de fleurs et d'insectes sur fond bleu turquoise.

34 — Boîte carrée, décorée de rosaces émaillées en couleurs sur fond bleu.

35 — Petite boîte ronde, décorée de fleurs sur fond bleu turquoise.

PORCELAINES

36 — Grand vase forme balustre en porcelaine de Chine, décoré d'attributs variés en camaïeu bleu.

37 — Deux vases forme potiche en ancienne porcelaine de Chine, décorés de jeux d'enfants dans des paysages.

38 — Vase modèle cornet, en porcelaine de Chine, décoré de figures en émaux de la famille verte sur fond vert d'eau.

39 — Vase modèle balustre en céladon bleu turquoise, rehaussé d'émail bleu foncé.

40 — Vase forme balustre en porcelaine blanche de la Chine, à fleurs et ornements gaufrés, sous émail.

41 — Joli vase forme balustre en porcelaine de Chine, émaillé bleu turquoise.

42 — Deux vases modèle potiche en ancienne porcelaine de Chine, décorés de paysages avec figures. Quoique différents de décor, ces deux vases peuvent se faire pendant.

43 — Vase forme balustre à anses mufles de lion, en céladon vert d'eau, décoré de rosaces et de fleurs émaillées blanc.

44 — Jardinière ronde en ancienne porcelaine de Chine, décorée de paysages en émaux de la famille verte.

45 — Vase forme balustre en céladon vert d'eau et bandes blanches décorées de paysages et d'ornements en camaïeu bleu. Anses et anneaux mouvants émaillés brun.

46 — Vase forme balustre renversé en porcelaine de Chine, décoré de fleurs et de feuilles sur fond blanc.

47 — Plat rond en ancienne porcelaine de Chine, décoré de fleurs et d'ornements en émaux de la famille verte.

48 — Vase modèle cornet à panse renflée en porcelaine de Chine, décoré de fleurs et d'arbustes en camaïeu bleu.

49 — Plat rond en ancienne porcelaine de Chine, décoré d'ornements et de fleurs en émaux de la famille verte.

50 — Vase forme balustre surbaissé, en porcelaine de Chine, décoré de grues sacrées et de nuages émaillés en couleurs.

51 — Plat rond en ancienne porcelaine de Chine, décoré d'émaux de la famille verte, à fleurs, chimère et ornements.

52 — Vase forme balustre en céladon vert d'eau, décoré d'arbustes et de singes en camaïeu bleu et rouge de cuivre.

53 — Petit vase forme potiche en ancienne porcelaine de
Chine, décoré de figures dans un paysage, le tout en
émaux de la famille verte.

54 — Broc à anse et à bord supérieur festonné, en céladon
bleu turquoise.

55 — Vase de forme cylindrique en porcelaine de Chine,
décoré de figures émaillées en couleurs.

56 — Plat rond en ancienne porcelaine de Chine, décoré
de figures dans un paysage en émaux de la famille
verte.

57 — Vase forme balustre, décoré de zones d'arabesques
séparées par des filets saillants.

58 — Vase forme bouteille en céladon bleu ampois, décoré
d'ornements.

59 — Vase forme potiche en ancienne porcelaine de Chine,
décoré de fleurs arabesques en émaux de la famille
verte.

60 — Vase forme bouteille en céladon vert d'eau et à long
goulot entouré d'un dragon en ronde bosse émaillé
brun.

61 — Deux vases forme balustre en porcelaine de Chine
décoré de paysages avec animaux.

62 — Plat rond en ancienne porcelaine de Chine, décoré
de deux dragons combattant émaillés en couleurs.

63 — Joli vase forme cornet à panse renflée en céladon
bleu turquoise.

64 — Vase forme bouteille à goulot renflé, en porcelaine
de Chine, décoré de fleurs arabesques et d'ornements
en bleu et rouge de cuivre.

65 — Vase de même forme, décoré à l'imitation du bronze.

66 — Vase forme balustre en porcelaine de Chine, décoré
de figures dans un paysage.

67 — Deux vases de forme cylindrique à couvercle en
porcelaine de Chine, décorés de paysages avec figures
en bleu et rouge.

68 — Petit plat rond en céladon bleu turquoise.

69 — Deux coupes rondes en ancienne porcelaine du Japon, décorées de fleurs en bleu, rouge et or.

70 — Petit vase forme bouteille en porcelaine de Chine
émaillée gris.

71 — Plat rond à bord festonné en porcelaine du Japon,
décoré de fleurs et d'ornements en bleu, rouge et or.

72 — Cinq plaques rectangulaires en porcelaine de Chine,
décorées de fleurs arabesques et d'ornements sur fond
jaune.

73 — Porte-allumettes de forme cylindrique en porcelaine
de Chine, décoré d'attributs et d'ornements en rouge
de fer.

ÉMAUX PEINTS

74 — Joli brûle-parfums de forme surbaissée à couvercle
repercé à jour, en émail de Chine décoré de fleurs et
d'ornements sur fond gros bleu. Les pieds à têtes d'élé-
phants, les anses à têtes chimériques et le bouton du
couvercle formé d'un chien de Fô sont en bronze ciselé
et doré.

75 — Deux jolis vases forme balustre à couvercle en émail
de Chine, décorés de fleurs et d'attributs sur fond gros
bleu.

76 — Deux petits vases modèle cornet à panse renflée en
émail de Chine, décorés d'ornements variés de couleurs
sur fond bleu clair.

77 — Plateau rond à lobes en émail de Chine décoré de
fruits et de feuilles sur fond rose foncé.

78 — Plateau rond à bord festonné, décoré de canards et
de plantes aquatiques sur fond rose clair.

79 — Quatre petits plateaux en émail de Chine décorés de
fleurs sur fond blanc.

80 — Deux plateaux forme feuille en émail de Chine, décorés d'oiseaux.

81 — Deux soucoupes en émail de Chine décorées de paysages sur fond blanc.

82 — Quatre tasses en émail de Chine variées de décors.

83 — Petite coupe ronde en émail de Chine, décorée d'un
faisan et de dragons sur fond blanc.

OBJETS VARIÉS

84 — Bronze de la Chine. — Petit brûle-parfums offrant
en relief des carpes à têtes fantastiques se jouant dans
les flots et à anses têtes chimériques.

85 — Jade vert. — Deux coupes rondes à côtes très-fine-
ment évidées.

86 — Bronze de la Chine. — Petit brûle-parfums décoré
d'ornements en relief et d rés.

87 — **Jade vert.** — Petit vase forme balustre aplati décoré d'ornements en relief et à anses cylindriques.

88 — **Cristal de roche.** — Petit vase forme balustre à pans à deux anses dragons prises dans la masse et à couvercle surmonté d'une chimère.

89 — **Bronze de la Chine.** — Petit brûle-parfums de forme cylindrique décoré de fleurs en relief dorées et de grecques niellées d'argent.

90 — **Jade vert.** — Deux petites coupes rondes taillées à côtes.

91 — **Agate oriental sardonisée.** — Petite tasse forme feuille à anse prise dans la masse.

92 — **Agate orientale.** — Porte-allumettes forme fleur.

93 — **Bronze de la Chine.** — Brûle-parfums reposant sur trois pieds bas, décoré de fleurs en relief dorées et à frises niellées d'argent.

94 — **Jade vert.** — Deux petites coupes rondes taillées à côtes.

95 — **Agate orientale blonde.** — Petite coupe forme fleur à anse prise dans la masse.

96 — **Cristal de roche.** — Petit vase forme balustre à pans.

97 — Agate orientale blonde et mamelonnée. — Petite coupe forme fleur à anse prise dans la masse.

98 — Bronze de la Chine. — Brûle-parfums à deux anses, décoré d'ornements en relief dorés.

99 — Jade vert. — Vase forme balustre aplati à deux anses prises dans la masse et à fleurs finement gravées en relief.

100 — Agate orientale blonde. — Coupe forme fleur à anse prise dans la masse.

101 — Cristal de roche. — Très-petit vase forme balustre.

· ÉTOFFES

102 — Deux morceaux satin rouge, brodés à fleurs.

103 — Joli morceau de satin rouge à arbustes et fleurs brodés.

104 — Deux bandes de satin rouge brodées à fleurs, fruits et attributs.

105 — Deux morceaux de satin rouge brodés à figures et fleurs.

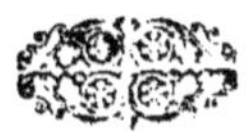